무게, 그 현란한 꿈

무게, 그 현란한 꿈

글쓴이 / 임승천
펴낸이 / 孫貞順
펴낸곳 / 모아드림

1판 1쇄 / 2009년 1월 2일

서울 서대문구 북아현3동 1-1278
전화 / 365-8111~2
팩시밀리 / 365-8110
E-mail / morebook@morebook.co.kr
http://www.morebook.co.kr
등록번호 / 제2-2264호(1996.10.24)

ⓒ임승천
ISBN 978-89-5664-121-8

* 잘못된 책은 구입하신 서점에서 바꾸어 드립니다.
* 지은이와의 협의하에 인지를 붙이지 않습니다.

값 8,000원

모아드림 기획시선 114

무게, 그 현란한 꿈

임승천 시집

모아드림

■ 시인의 말

　첫 시집 『하얀 입김으로』 이후 『밤비둘기의 눈』, 『노들레 흰들레』, 『진또베기의 노래』에 이어 다섯 번째 시집 『무게, 그 현란한 꿈』을 이 세상에 내어 놓는다.

　요즘 모든 사람들은 무척 바쁘고 분주하다. 이런 상황 속에서 시를 쓰고 발표한다고 하는 것이 여간 어려운 것이 아니다. 그래도 시적 사고를 하고 산다는 것은 나에게는 커다란 행복이다. 독서와 종교적 명상, 여행과 취미 활동, 다양한 사람들과의 대화 이 모든 것들이 나에겐 아주 소중하고 살아가는 즐거움을 준다. 한 편 한 편의 작품들이 창작되는 기쁨도 함께 누리고 있다.

　시집을 낼 때마다 느끼는 부끄러움이 조금도 개선됨 없이 또 하나의 시집을 내어놓는다. 이 세상을 살아가며 즐거움과 기쁨만이 있겠는가.

　삶의 무게만큼 뚜렷한 의식이 배재된 채, 꿈 자체는 현란함만 가득하다. 꿈과 현실의 자연은 늘 아름답다. 거기 살아가는 우리는 자연의 일부로 존재하면서 아름답게 살아가야 할 당위성이 있다.

　다양한 종교적 배경을 갖고 있는 이스라엘의 성지순례를 통해 우리의 존재와 생명의 소중함을 발견할 수 있었고 그 척박한 조건 속에서도 신을 의지하며 살아가는 그들의 모습을 통해 내 영혼의 깊이를 가늠해 볼 수 있었다. 우리의 일생은 결국 헬몬에서 나서 사해에 이르는 과정이라 볼 수 있다.

네 계절의 순환 속에서 느끼는 감성이 어느 때는 무디어지곤 하지만 새로운 시의 발견을 할 수 있게 해주는 고마움이 도사리고 있다. 여행 중에 느꼈던 감정과 감성은 시의 바탕으로 새롭게 솟아난다. 함평 나비 축제의 그 현장은 아득했던 향수를 자아내주고 진도 '돌개'의 삶에서 자연 속에 살아가는 법칙을 배웠다. 캄보디아 수상가옥촌에서의 광경은 고달픈 삶 속에도 자유와 평화 그 자체를 발견할 수 있었다.

　또한, 사랑과 그리움은 영원한 아름다움이다. 우리 마음 속 사랑의 방식은 영원함 속에서 발견되는 눈물이다. 사랑할 수밖에 없는 모든 것, 사람의 모습이든 마음이든 모든 것이 다 아름답다고 볼 수 있다. 사랑을 위해서는 또 다른 이해와 배려가 필요하다. 강렬한 감정만이 아닌 결단, 판단, 약속이며 의지적 행위라고 볼 수 있는 것이다.

　나의 철학과 명상은 항상 새롭게 열어 두겠다는 생각이다. 더딘 걸음 속에서 내재된 내 의식의 한 구석마다 또 다른 의식이 늘 꿈틀대고 있다. 시는 언제나 나의 기쁨이고 평화이다. 새로운 시를 쓴다는 것은 늘 넘치는 기쁨이고 위안이다. 꽃집 안에서 보는 바깥의 풍경은 나의 존재에 대한 자각이고 인식이다. 언제나 열려있는 눈과 귀, 나의 감각이 새로운 시를 향해 무한하게 뻗어가길 기대해 본다. 유한한 삶에 대한 끊임없는 긴장과 바람이 또 다른 시의 길로 뻗어 갈 것이다.

　이 시집이 나오기 까지 애써주신 저를 아는 모든 분께 감사드린다. 특별히 해설을 써주신 유성호 한양대 교수님과 모아드림의 손정순 사장님과 오실장님께 감사드린다.

　다섯 번째 시집 발간까지 묵묵히 지켜보며 의미 있는 표지 사진까지 제공해준 사랑하는 아내에게 이 시집을 안겨주고 싶다.

2009년 1월
임 승 천

차 례

시인의 말

1부 예루살렘 가는 길

기도의 아침　15
안양천　17
예루살렘 가는 길　19
갈릴리 호숫가에서　20
네게브 광야에서　21
네게브 광야를 가며　22
헬몬에서 사해까지　23
부활의 아침　25
내가 키우는 나무　27
오늘, 하늘에는　28
여기까지 와서는　30
한사랑의 하나님　32
꽃, 아침고요　34

2부 기다림의 봄을 위하여

봄, 한식날 39
민들레를 보며 40
봄, 섬으로 와 있다 42
기다림의 봄을 위하여 43
하얀 진달래 45
안양천·1 46
오월 48
가을이 오는데 50
이 가을에 52
가을 서정 53
가을 뜨락에서 55
단풍나무 56
대숲 속에서 58
가마골 겨울 아침 59

3부 함평 나비 축제

백두산을 오르며 63
금강산에서 64
함평 나비 축제 66
구일역 부근 68
진도에서 70
바우덕이 묘 앞에서 72
관곡지에서 74
관곡지 보이는 들녘에서 76
눈썹 바위에서 78
대관령 옛길을 걸으며 80
신성리 갈대밭에서 82
겨울태백을 오르며 84
하회 가는 길 86
갑사 다녀오는 길 88
하롱베이 89
하롱베이를 떠난다 90
캄보디아 수상가옥촌에서 · 1 92
캄보디아 수상가옥촌 · 2 94

4부 사랑, 또는 그대 향한 그리움

그대와 함께 99
사랑, 또는 그대 향한 그리움 100
사랑이란 달개비꽃 101
연이의 얼굴 103
혜민이의 손끝 104
바다 바람을 꿈꾸며 105
기다림 105
더러는 아주 107

5부 피어나는 꽃을 위하여

두 개의 눈 111
내 기쁨은 113
할머니 잔상 114
풀잎 116
돌아온 날의 추억 118
귀를 막고 있다 120
피어나는 꽃을 위하여 122
무게, 그 현란한 꿈 123
노을 바다 125
삶의 껍질 127
서어나무로 서서 128
눈물 하나 물빛처럼 129
구로문화의 꽃을 위하여 131
돌게 132
월성산을 다시 오르며 134

■ 해설
기다림으로 완성하는 '신성神聖'의 꿈 · 유성호 136

제1부
예루살렘 가는 길

꺼지지 않는 말씀의 길 따라

마음 깊이 쌓이는 그 믿음의 길

때론 무겁고 경건한 자태

부드러운 아주 부드러운 소리

자꾸 흔들리며 차창

초겨울 길목을 따라

이 밤을 간다. 새로운 길을 간다

기도의 아침

영혼의 마지막 밤까지 침묵한다

거친 들판을 지나 만나는 기쁨
눈빛 보듬은 그 얼굴이 빛난다

눈 감으면 보이는 바다
흰 옷, 그 환한 미소
감사와 찬양, 내놓은 모든 것이 눈물겹다

더딘 걸음과
부족한 믿음으로 드리는 기도
어두운 밤마다 보이는 빛나는 십자가

오늘도
달린다, 믿음의 들판을
오늘도
찬양한다, 소망의 숲길에서

조용히 다가오는 매일의 평화
영혼을 깨우며 들려오는 말씀의 새벽

안양천

매일 움직이는 십자가를 본다

북쪽에서 남쪽으로 , 남쪽에서 북쪽으로
넘어가고 넘어오는 길

고척교에서 광명가는 길과
1호선 전철이
구일역에서 개봉역으로
개봉역에서 구일역으로 가며
만나는 살아 있는 십자가

저 편 삶의 시내
맑게 흐르는 안양천
풀이 돋고 꽃이 피고 철새가 오고
봄이면 개나리 활짝 웃는 서부 간선로

목감천 들꽃 환한 봄날
둑길 따라 굴리고 싶은 바퀴

둥근 삶의 바퀴가 물 속을 지나면
안양천 따라 올라온 물고기 맑은 물 속을 오른다

예루살렘 가는 길

오르는 길 하나 둘 갈앉는 저 편의 소리
불빛 죽여 빛나는 밤
밤길 따라 예루살렘으로 가는 길

꺼지지 않는 말씀의 길 따라
마음 깊이 쌓이는 그 믿음의 길
때론 무겁고 경건한 자태

부드러운 아주 부드러운 소리
자꾸 흔들리며 차창
초겨울 길목을 따라
이 밤을 간다. 새로운 길을 간다

한 길 높이 찬양이 기다리는 밤
어둠은 이미 어둠이 아니고
자꾸 흔들리는 불빛과 불빛
새롭게 가야할
내 영혼의 이 가느다란 목숨 끝 한길

갈릴리 호수가에서

마음둘레 물결
얼굴 하나 잠겨있는 산
말씀 한 곳에 오래도록 머물면
잔잔한 그 날의 길을 따라 걸어가 본다

하늘 아래 불어오는 바람
햇살 따라 바람 따라
돌아보는 갈릴리 잔잔한 물결

굽이도는 길마다 펼쳐진
희망과 좌절 사이
말씀으로 다가가는 길

거듭 반짝이는 갈릴리 물결
소리 없이 다가오는 이 침잠의 아침 호수

솟구치는 평온함, 그리고 자유로움
물길 지나는 시간
언제나 바라보시는 주님의 커다란 눈

네게브 광야에서

밤하늘의 별이 쏟아져 있는 곳
뼈마디 모두 드러낸 햇살 내리쬐는 곳

푸른 생명의 흔적 하나하나에
그 긴 목숨 버릴 수 없어
무한의 생존 그 질긴 생명
버릴 수 없어 흩어지는 돌 사이

막막한 저 구릉 넘어 또 넘어
쏟아지는 긴 방황의 끝

골짜기 타고 내리는
그 따가운 시선 사이로
옮겨진 그 황량의 무게 앞에
빛깔 하나 깨우고 바라본다

네게브 광야를 가며

구릉 넘어 또 하나 구릉을 넘어
남으로 뻗어 간 길
40년 광야의 길을 따라
생존의 길 그 무한의 질주

흙에서 돌로 다시 꽃으로 나무로
그 번듯한 일상에 서서
푸른 숨결을 가눈다

돌과 흙의 쌓임
하나님만 바라보는
그 광야의 빈들에서
찾은 진리의 길

달려갈 수 없다
바라 볼 수 없다 그 적막의 무게
겹친 구릉 사이로 하늘의 무지개를 본다

헬몬에서 사해까지

시간은 오늘도 푸른 하늘 아래
풀빛 푸르게 달려 북으로 간다

멀리 눈 덮인 헬몬의 눈으로
깊은 물 눈 녹아 맑은 물
숨결 따라 온몸 가득 넘친다

몇 번을 돌아도 보이는 하얀 산
은총의 깊이만큼 흘러오는 물
더러워진 육신과 마음을 씻고
새롭게 태어나 바라보는 헬몬의 낯빛

갈릴리 호수 고요한 물결로 속삭이다
산 깊숙한 곳 물아래 담구었다가
햇살 비추며 새롭게 흐르는 요단강

잠시 삶의 여정을 따라 흐르는 강물
생명의 물이었다가

더 이상 흐를 수 없는 날

어둠을 깨우는 빛이 된다
영혼의 바다 말씀의 길을 간다
헬몬에서 사해까지 우리의 숨결이 간다

부활의 아침

묻어 있다, 온몸의 빛깔
더는 밤이 아니다
고난이 아니다

맑은 물이 보인다
물길이 은총처럼 흘러
소리 없는 강물, 강의 깊이가 된다

어두움
고난 그리고 고통
고된 흔적이 되어
터널 속에서 빠져나온 꽃이다

뚫린 길로 열리는
새로운 세상
열매가 되고 새로운 말씀이 된다

꿈꾼 부활의 아침

열린 문으로 퍼지는 그 환한 햇살
봄의 숨소리, 새로운 빛의 소리다

내가 키우는 나무

흐린 창문을 닦는 것은
이 세상을 조용히 살아가는 길

길 가다
문득 멈추면 보이는 그림자

길 저 편 상점 안
진열된 내가 밖을 볼 때마다
다가오는 산

버려진 나무
하나 둘 모아
다시 심고 가꾼다

새가 날아온다
새가 노래한다

더딘 숨결 속
내 영혼이 다시 깨어난다

오늘, 하늘에는

오늘, 하늘에는 멀고 아득한 길이 있다

아득하면 아득할수록
기도의 눈이 보이고 햇살이 반짝인다

언제나
조용히 흐르는 물 따라 다가서면
하루 종일 넘치는 은혜의 강물

강가에 서 있는 나무는
꽃눈 가득한 축복에 쌓여
기쁨으로 꽃을 피우면

다가오는 음성
뚜렷한 눈 뜨임 속에
온 몸에서 솟아오르는 은총의 샘물

기도의 문이 열리고

하늘 문이 거듭 열리면
말씀의 불꽃 내 안에서 활활 타고 있다

여기까지 와서는

여기까지 와서는
집에 온 편지 한 장도 없다

새겨진 일상의 그물 사이에
이미 들어와 있는 그 각진 마음둘레
지난 바람의 넋두리다

바람으로 흔들어 보는 나무 사이로
살아 걸어가는 한 무리 사람
내 존재의 무의미성은 숨고

거듭 태어나 바라보는 아침 햇살
온몸에 비친 햇살 사이로
무수한 꽃이 피었다 진다

초록과 초록으로
녹음과 녹음으로 흐른 뒤의 숨막힘
부딪치는 인연 온 산에 가득하다

건너고 싶어도 건널 수 없는 강
흐른 시간 앞에서 쏟아지는 은총
맑은 영혼 속에서 흐르는 산의 우뚝함

버리지 못할 습관의 그늘
한 잠 늘어지게 자고 다시 깨어난다
주워 담을 것도, 버릴 것도 없는 나
오래도록 서서 지난 시간을 자꾸만 본다

한사랑의 하나님

맑은 영혼 앞
살아계신 나의 하나님
언제나 맑은 물가로 이끄시는 우리의 하나님

고통과 절망 속에서
기도가 있게 하시고
말씀이 있게 하시고
살아계신 영이 있게 하시는 한사랑의 하나님

지난 서른 해 그 빛난 영광의 시간
우리 함께 누렸던 기쁨과 평화
다시 넘치게 하시고 또다시 새롭게 하소서
거듭난 영, 더욱 거듭나게 하시고
아름다운 믿음, 더욱 아름답게 하소서

하나님. 한사랑의 하나님
우리 모두 맑고 맑은 영혼
거듭 태어나는 기쁨이 되게 하소서

언제나 큰 사랑이 되게 하소서
온누리 오래도록 밝힐 사랑, 한사랑이 되게 하소서

꽃, 아침 고요

물소리
산을 내려와 지친 마음을 적신다

꽃 피우는 마음으로
열리는 고요한 아침
그것은 삶의 무지개다

우리의 꽃이
우리의 삶이
아침 고요의 눈으로 다시 뜨면
정직이 남긴 몇 굽이 산길이 보인다

엉겅퀴, 채송화, 맨드라미 기다리는
우리들의 꽃자리
일상의 모습대로 걸으며 생각하는
또 하나의 침잠

묵은 것을 버리고

축령산 빗은 머리 아래
자리한 꽃 마당, 아침 고요

잃어버린 것을 다시 찾으며
꽃 피우는 마음으로
이 푸르른 시간을 지나면
보이는 하늘로 오르는 계단
말씀 위에 넘치고 넘치는 이 충만한 기쁨

2부
기다림의 봄을 위하여

바람 불어오는 날

눈보라 없는 맹렬한 질주

거친 들판이며

키 큰 나무며 닿는 것은

허공을 가르는 또 다른 생명의 숨결

봄, 한식날

굽이 굽이 산길 돌아
싱그러운 풀잎 내음 가득한 산길을 간다

산과 바위는
조용히 앉아 나를 본다.

늘 무겁고 바쁜 일상
모두 버리고 다시 가는 길
들꽃 향기 온몸 가득 배고

논배미 물 속 하얀 냉이꽃
꽃다지 노란 논둑길
산 아래 내려와 물 속에 앉아있다

들꽃 잔치 흥겨운 날
이미 떠난 사람 만나는 날
봄들녘처럼 야단스런 한식날
남아 있는 사람들이 만나 펼치는 잔치날

힌들레를 보며

오는 해마다 보고 싶어 찾아가면
앉아 있던 자리 허전하고
푸른 풀빛 바람에 자욱하고
눈가에 맺힌 먼 시간의 풍경 위로
해마다 달라지는 지상의 모습

심심하지 않게 바람이 불고
심심한 자리 위
오랫동안의 물음에도 잠시 흔들리는 길
흐드러지게 핀 들녘마다 꽃들의 기쁨

한 번 웃기 위해
모진 겨울 눈보라 속에서
자잘한 말과 이글거리는 태양과
마음에 꽂히는 햇살
뿌리까지 향한 짜릿한 감촉

흙 속 메아리 터지는 계절

숨결 가득한 계절이 오면
언제나 피어나는 하얀 민들레

밤, 그리고 이른 새벽
물길 따라 다가오는 이 노래의 밤

봄, 섬으로 와 있다

가장 소중한 마음으로
웃니 살짝 드러낸 침잠

소리 없는 빛으로
반짝이는 눈빛
조금씩 내닫는 바람

온몸 깊숙이 불어오면
하늘 높이 나는 마음

물빛 그리운 날
물 속 깊이 비친 깊은 산과 산
안개를 헤치고 물빛 섬으로 와 있다

기다림의 봄을 위하여

어둠은 어둠이 아니다
문틈으로 비집고 들어오는 빛의 핵심
명쾌한 몸놀림 속 환한 늑장의 길
너, 돌아간 후에 고여 있는 적막
헛튼 수작하지 마라

바람 불어오는 날
눈보라 없는 맹렬한 질주
거친 들판이며
키 큰 나무며 닿는 것은
허공을 가르는 또 다른 생명의 숨결

시간 따라 눈길 따라
묵묵히 서 있는 한 그루 나무
그 아득한 시간의 들녘 끝에서
가까이 다가오는 발자국 소릴 듣는다

보이는 언덕마다 파릇한 숨소리

마음 한 자락 뿌리를 향해 불러본다
빛이여, 햇살이여, 바람이여

순간마다 피어나는 긴긴 기다림의 봄을 위하여

하얀 진달래

긴 겨울을 건디고 불어오는 바람
온몸 휘감는 꽃봉오리

살짝 문 여는 마음
푸르다 푸르다 외치며 바라보는 마음

쪽빛 얼굴에 비치는 하얀 얼굴
다가오는 걸음마다
붉게 타는 고려산 진달래

순수, 그 바람 앞에서
한 그루 외로운 건
흔들리는 마음 자락에 피는 하얀 그리움

오르내리는 사람 앞 백련사 뜰안
목숨 하나 오랜 그리움 되어 너를 보고 있다

안양천 · 1

봄, 유채밭 길 나들이의 환한 길
유채꽃 향기 지천이다

따스한 봄볕 가볍게 부는
바람에도 냉이꽃 춤추고
꽃다지 그 작은 노란 미소도
바람 따라 흔들린다.

흐르는 물 따라 거슬러 오르는
잉어의 몸부림
더 깨끗한 물 속 깊이에
온몸 드러내놓고 그대 찾아 떠나는 길
구르는 자전거 바퀴살 사이에도
노란 유채꽃이 피어 구른다.

흰나비 날개에도 노란 향기
날개짓으로 봄빛 춤을 추면
오가며 흘러가는 일

남은 시절의 반짝이는 눈빛
파란 숨소리 가득
소리 없이 흐르는 안양천

오월

아까울 것 하나 없는 오월 한낮
푸른 산의 외침이 파릇하고
반짝이는 나뭇잎 사이
다투어 얼굴 환히 여는 꽃

흙냄새 가득한 들판
봄을 가꾸는 농부 사이
나비와 벌들 분주한 날
물 속으로 푸르름이 흐르고 들꽃 잔치 한창이다

오면 올수록 그리운 사람 곁
흔들리는 시간 속으로 가득찬
이 마음의 오월

지난 일이 물 흐르는 이유만큼
푸르게 흐르며 피어나는 꽃
꽃잎 떨어져 물길 흘러가는 날
삶의 시간이 바쁘게 흐르고

저 멀리 산꿩 소리 온산을 울리고
작은 새 소리에 마음 젖어오는 오월

가을이 오는데

꺼질 듯한 불빛 아래
희미한 기억의 소리

가을은
어느 새 창가에
푸른 물결로 밀려와
수많은 산에 불을 붙인다

걸어온 시간도
지나온 시간도
나무로만 숲을 키우고

산은 산대로
높아가며 부르는 물소리

조용히 다가오는 가을만큼
비둘기 날아오르고

긴 나래의 철새 무리만
날아왔다가 바람같이 떠난 곳
가을이 푸른 하늘로 끝없이 밀려온다

이 가을에

가을은
가지런한 모습으로
머리 높이 푸른 시내를 만든다.

속살 환히 보이는 가을날
물 속 깊이
흔들리는 억새 머리칼

지워진 들녘 끝으로
흩어진 생각
돌아와 자꾸 쌓이면

이 밤을 기다리는
그리움 하나
하얀 이 밤을 노래한다, 그대여

가을 서정

환한 햇살 아래의 들판
가을볕 다가오면 보이는 바다
그 질펀한 갯벌에 앉아
뭍의 언덕으로 지나는 바람을 본다.

피어 흔들리는 가을 국화
바람 따라 온몸에 스미는 향기

반짝이는 물빛 사이 온 눈이 노랗고
차곡차곡 쌓아둔 국화향기
오가는 길과 벼랑마다
지난 시간 속 계절로 스쳐가는 일

지금의 계단 위로 보이는 나날
순간을 깨는 빛깔 사이
영원한 향기 되어 돌아오고

꿈으로 가득 쌓인 시간

젖은 눈물 앞 보이는 외로움
찾지 못할 순간마다 춤추는 나무

더는 견딜 수 없는 가난한 마음
마지막 나무로 서서
반짝이는 햇살을 한 줌 주울 뿐이다

가을 뜨락에서

가을 뜨락 위 하늘
나무를 타고오르는 칡넝쿨

상수리 나무 사이로
드문드문 보이는 하늘

숨소리 가득한 숲 속
잠시 가던 길 멈춘 풀잎 사이

눈가 촉촉한 푸른 깊이로
또다른 풀밭 풀잎이 자란다

언제나 바라보았던 노란 은행나무 끝
익어가는 가을 저 켠의 소리 사이로

깊어가는 가을 끝
떠나가는 낯선 시간의 길
소리 없이 다가올 또 다른 계절을 간다

단풍나무

한 그루의 단풍나무를 내 마음에 심었다.
단풍나무는 이 가을을 활활 태웠다
머리에서 가슴까지, 가슴에서 발끝까지
그 활활 태우는 힘

잠시 스쳐가는 그 공간에서
지나가는 차량과 인간의 삶을
무심히 지켜볼 뿐이다

흘러가는 구름과
밀려오는 안개를 온몸으로 부딪치면서
송두리째 내놓고
지난 푸름의 순간을 접어두고
이 가을을 태우고 있다.

밑에서부터 올라오는 그 막강의 힘
마지막 타오르는 그 열정의 한계에
또 다른 계절은 이미 멀리서

새로운 준비를 하고 있다.

머리와 가슴까지 타오르는 가을
단풍에 취한 자리를 두고 넘는 고개
그 열정의 바탕을 간직한 채
그 곁을 떠나온 가을
단풍나무 잎새에 새겨진 타오르는 내 삶의 열정

대숲 속에서

구름 한 점 없는 겨울 하늘
늘 푸른 대나무
텅빈 마음으로 뜨거운 시간을 서 있으면

재잘대는 참새
한 바구니 날아와
댓잎소리 앞에 풀어놓고
대숲 사이 햇살을 줍는다

눈부시도록 푸른 날
어김없이 찾아와 흔드는 바람
빈 마음 가득 숨결로 다가와
뿌리 깊은 마음을 담고

숲길 따라 들려오는 목소리
지나온 시간의 언저리 위로
소리 없이 걸으며
올곧은 몸짓으로 이 겨울을 깨운다.

가마골 겨울 아침

눈 시린 아침
고요한 가마골
몇 마리 새 바람 따라 날고

옷 벗은 나무
뿌리 깊숙이 서서
떠오르는 해, 그 햇살을 줍고

아무도 걷지 않은 눈길
싱그러운 겨울 아침
순수의 진한 입김을 불면
산골짜기 지나 산마루 오르는 바람

가마골 숲 속의 집 용추동
긴 고드름 속으로
겨울 아침 시내가 반짝이며 흐른다

언덕 위엔 낮게 앉은 풀잎

저 멀리 다가오는 봄소리 따라
온몸 뜨거운 마음으로 겨울아침을 걷는다

3부
함평 나비 축제

함부로 말하지 말라

평이하지 않은 들녘

살아 숨 쉬는 들과 나무와 벌레

함께 가보라

평평한 너른 들녘의 여유

침묵이 낳은 그 숨결과 숨결

백두산을 오르며

거슬러 오른다.
우뚝 다가선 산 아래
피어나는 꽃 사이

골짜기마다 눈망울
환한 웃음으로 바라본다.

내리쏟는 물줄기
솟아오르는 맑은 물
하늘못에 비춘 내 마음의 자리

보여줄 듯
보여줄 듯
멈춘 자락
흩어지는 안개

한 조각의 시간을
깨어 흩어지는
또 하나의 여정
흔들리는 마음 하나가 너에게 간다.

금강산에서

말 없는 길에서
수만 겁 지나는 동안
그 깊은 뜻을 담는다

맑은 마음
물 되어 흐르고

산봉우리마다 빛나는 햇살
골짜기에 흐르는 맑은 물
햇살과 함께 뿜는 그 자태

상큼한 아침과
별 닿을 듯한 어스름
온 몸에 새겨지는
이 세상 마지막 침잠

뚜렷한 이름의 풀과
사랑의 감정과 느낌

무엇으로 남을 것인가

오늘 이렇게 서서
바라보는 겨울 금강산
눈 쌓인 길에 서 있는 기쁨
동해의 파도가 보인다

함평 나비 축제

함부로 말하지 말라
평이하지 않은 들녘
살아 숨 쉬는 들과 나무와 벌레

함께 가보라
평평한 너른 들녘의 여유
침묵이 낳은 그 숨결과 숨결

아득히 잠재운 그 푸른 날에
서서히 밀려오는 아주 새로운 날들의 경험

함평에 와 즐기는
나비의 화려한 외출
그 몸짓을 한 둘레의 무게에
팔닥이는 그 몸짓

꽃은 피어난다 그리고 미소한다
보면 볼수록 아득하게 그리운 날

살아 움직이는 이 작은 환희
꺼지지 않는다
오랜 습관처럼 살아있는 너를 본다

구일역 부근

오밀조밀 두런대는 소리
오고가는 그 기막힌 범벅의 굴레

남으로 가든 북으로 가든
동으로 가든 서로 가든
지나칠 때마다 보이는 침묵

푸른 풀잎과 노란 유채꽃과
시냇물 따라 뛰는 사람들이
멈추고 바라보는 물 속
오르는 물고기의 힘찬 몸놀림

언덕마다 마실 나온 들꽃들
하얀 제비꽃을 보다가
유채꽃 노란 자리에 머문 넉넉함
그 넉넉함 앞에 펼쳐놓은 기쁨, 평화

빠르게 지나는 1호선 지하철

두고 간 이야기처럼
흘러가는 안양천 물 속에
드리운 온갖 삶의 이야기

긴 꼬리에 달구어진 열정의 또 다른 소망

진도에서

예전과 지금
울돌목 빠른 물살 바다가 운다
명량 승전의 밤은 조용하다

침잠의 깊이로 다가선 섬
2004년 여름은 너무 덥다

한낮 매미의 소리도 타고
푸름 지친 산마다
윤기나는 희망

들꽃 환한 세상
벌 나비 그리고 잠자리
남은 시간 너무 분주하다

잠시 들러가는 섬
돌게는 껍질 위에 돌을 올리고
옆으로 빠르다 문득 멈춘다

숨을 곳 없는 진실
바위 아래는 오랜 세월의 그림자
진도 여름 바다는 잔잔한 유리이다
흘러가는 시간이다, 흐름이다.

바우덕이 묘 앞에서

지천이다
풀꽃 환한 세상
푸름 속에 누워 바라보는 마음

소리 속에 듣는
그 날의 웅성거림
화려한 시선 뒤로 꽂히는 한 점

온몸 던질 수 있는 마지막
찰라의 소리
돌아나온 물굽이 따라 떠도는 마음

꽃핀 나날의 화려한 나들이
말없는 산자락 홀로 누운 바우덕이
금방 튀어나와 하늘을 날 것 같은
칠월 어느 여름 날

앞 다투어 핀 풀꽃의 의미

문득 멈춘 바우덕이 묘 앞에서
시간은 소리 없이 흐르고 말이 없다

관곡지에서

바람 되어 잠시 머물다가는
관곡지 가까운 들녘
소리 없이 흐르는 가는 도랑 속 비친 하늘로
거슬러 흐르는 송사리 눈길

잊혀져 가는 유년의 일들이
가까이 다가와
우렁이 가는 거리만큼 기어가고 있다

물왕리 저수지 지나
거기, 바람도 지나
차분히 앉아 수런대는 연잎의 소리

잠깐 왔다 돌아가는 일로
반짝이는 눈빛 속 풍경
내밀의 아픔과
화려한 고민 속에서
익어가는 벼 한 알 한 알 속

끊이지 않는 수많은 삶의 이야기

관곡지 연꽃잎 스치는 바람일 뿐
잊혀지는 그 너른 들녘의 숨소리
서둘러 떠나는 아득한 시간 속 여행

관곡지 보이는 들녘에서

무게를 지닌 모든 것은
땅 위에서 늘 꿈을 꾼다

땅 속이든 산이든 숲이든
있는 그대로의 모습으로
무심히 지나는 모든 것을 본다

사람의 마음도
날아다니는 고추잠자리도
흘러가는 구름 되어 떠나는 세월

내 것이 아닌 것으로
살아 있다면 분명, 살아 있다면
가질 수 있는 온갖 행복

보이지 않으면 어떠랴
보이는 것마다 다 푸르다면
노란 것은 또 무엇이란 말인가

괜히 지나는 바람인 체
넋두리 가득한 들녘에 피운
가을 향기 끝으로 피어나는 하나의 꽃잎

눈썹바위에서

덮으면 보일 이 세상 끝
눈썹 끝 달린 바다
갯벌 검게 반짝이는 한 컨
바닷물 자꾸 밀려오고

억새 하얀 머리칼 너머로
흔적 없이 지나간 뱃길
묵직한 갈대 울음 속으로
다가오는 여린 마음의 속삭임

물길 한 모퉁이 돌아
밀려오는 빛깔
지나온 시간이 보이고
다가오는 바다 위 반짝임이 보인다.

저 위 지나는 바람
풀과 나뭇가지는 오랜 기억을 두고
오가는 사람 하나 둘 떠나면

먼 바다에서 밀려온 물결을 보다가
눈을 감는다.

대관령 옛길을 걸으며

수없이 지나간 발자국보다
더 많은 낙엽이 쌓여있다

지나는 발길마다 낙엽소리 들리고
옷 벗은 나무 가지 사이로
하늘이 높고 푸르다

계곡에서 들리는 물소리
산을 담아 흐르는 물길

흐르는 물 속으로
씻어버린 마음
지나온 시간이 보인다

잠시
주막터에서 멈추고 듣는 댓잎소리
양지 바른 자락에서 듣는 푸른 숨결

아흔 아홉 굽이
그 시작터에서
지나온 대관령 옛길을 생각한다

잠시 머무는 삶
일년 사는 풀보다 더 연약한 생명
거기 떨어지는 물소리
솟구치는 내 삶의 물방울

신성리 갈대밭에서

갈 데까지 가보라
거기 푸른 물 잔잔하다

갈대숲 지나가는 길
하늘 아래 부끄럽게 드리운
약간 수줍은 이야기

긴 긴 뿌리 와 닿아도
눈보라 몰아쳐도
꺾이지 않는 갈대의 소리

어두움 밀려오는 저녁
날은 흐리고
잔잔히 흐르는 물길 위로
철새들의 날개짓만 여유롭다

오가며 맡겨진 삶
모퉁이 머리칼 사이

마실 나온 불빛 한 점
갈대숲을 바라보고 있다.

겨울 태백을 오르며

태백 정상으로 가는 길
세찬 바람 사이로 싸락눈 내리면
사라졌다 나타나는 뒷모습 사이로
눈꽃 길 걸으며 겨울 새소릴 듣는다

눈 내리는 길 바람은 불고
지나간 발길 사이
들려오는 깊은 골짜기 겨울 물소리

눈 위에 이름을 쓴다
김주현, 남종현, 김영수, 김진수
오슬기, 최태상, 손선희, 임승천

지난 밤 부르던 노래처럼 사라지는 이름
태백은 지난 시간 속에 아직 머물러 있다

이천 다섯 해 십이월 삼십 날 겨울
이 한 해를 보내며 태백 정상에서

그 높은 마음을 배운다

기다리면 다가올 봄
새로운 해가 떠오르면
태백은 그 자리에서 천 년을 기억한다
구상나무가 보인다

하회 가는 길

병산에서 하회 가는 길
낙동강 물 따라 들꽃 향기 흐르고
푸름과 푸름 사이 새 소리 잔치

몇 번의 거듭된 발길 끝에
접어든 미로
거듭 태어나지 않고는 보이지 않을 길

찔레꽃 향기
가득 취한 오월 하루
엉겅퀴 꽃대 위로 강물 흘러와 비치고

병산에서 하회 가는 절벽길
가면 갈수록 푸르게 젖는 옷
지나갈 때마다 다가오는 오동꽃 향기

할미꽃 길가에 나와 인사를 하고
하얀 산딸기 꽃향기

어린 시절 그 꽃이 다시 피고

좁은 길 지나
하회 찾아가는 길
사람을 만나고, 마을을 만나고, 오월도 만나고

풀잎 이슬에 흠뻑 젖은 발목
씀바귀, 토끼풀 반가운 민들레
논배미 물 속 오월이 푸름 속에 앉아
하회마을로 걸어가는 수많은 사람들을 본다

돌아오지 않을 오월 하루
병산에서 하회 가는 길, 잊지 못할 오월의 추억

갑사 다녀오는 길

깊은 숲 속
환히 열리는 푸른 숨소리

마음 거듭 씻어
흐르는 물 속에 넣고
되돌아 본 시간

가을 하늘 끝
매달린 홍시로
익어가는 내 삶의 다디단 열매

햇볕 쏟아지는 가을 날
떨어지는 열매의 지혜로
열리는 숨소리

흙냄새 따라 흐르는 물길
잠시 스쳐가는 인연 끝으로
다녀오는 갑사의 길
오늘도 높고 푸른 가을 하늘이다

하롱베이

갈 수만 있다면
끝까지 가보라
그러나
우리의 삶은 유한한 걸

볼 수만 있다면
모든 것을 보라
그러나 고독처럼 볼 수 없는 걸

들을 수만 있다면
하롱베이에서
용울음 소리를 들으라
움직이지 않는 시선처럼
긴 생각뿐

이 세상 끝
다시 돌아온 하롱베이에
펼쳐진 바다 위 섬, 섬, 섬

하롱베이를 떠난다

시간은 흐르되
너는 그렇게 서서
오래 기다릴 줄 안다

바다를 지키며
키워온 위대한 꿈을 향해
다시 쉬어가는 동안

니와 나
함께 꿈틀대고 싶은 마음으로 기억한다

한 번 태어나 한 번 가는 삶 앞에
나타난 그 당당함과 수려함
누구도 떠날 줄 모른다

여기에서 떠나
다른 곳으로 갈지라도
남아 있는 너의 물빛 그림자

끝나지 않을 하롱베이
한 조각 추억
너를 두고 조용히 떠난다.

캄보디아 수상가옥촌에서 · 1

애띤 눈으로 바라본다

모든 것을 포기하는 눈빛
멍든 흔적
눈물 같은 이야기

따스한 입술
너른 마음으로 뜨겁다

뜨거운 숨소리 사이
지나온 불꽃이 튄다

모든 것을 주고 싶은 마음
온전한 마음에 심어진 넋

흩어진 섬조각 위에
함께 하고 싶은 밤이 흐르고
밝아오는 하늘

하늘 바다에서 돌아오는 배
깃발을 흔들며 온다
오늘은 지는 노을이 무척 아름답다.

캄보디아 수상가옥촌에서 · 2

절망을 넘어 그 절망을 넘어
흐린 물빛 강물이 된다

강물 사이
작은 배 위에 서 있는 사람
구릿빛 살갗이 팽팽하다

흘러가는 구름 아래
햇살 따갑고
집 아래 개와 닭이 더 평화롭다

한 낮의 잠, 그것은 자유와 평화
끝 간 곳으로 무너지는 고정의 파편

바람이었다가
물빛이었다가
이내 가버리는 삶
해 묵은 나무 등걸로 쌓이는 오후

절망이 절망을 넘어 강물이 넘치고
흐린 강물에 살아가는 물고기처럼
오르고 또 흐르는 내 삶의 푸른 강물

4부
사랑, 또는 그대 향한 그리움

어두움도 현란함도 아닐 때

부드러운, 아주 부드러운 눈길로

다가오는 잔잔한 물결

자꾸 밀려와 쌓이는 그리움 그리움

익어오는 능금 속 매달림

팽팽하게 당겨오는 속살

버려야 할 일상 앞에

늘 가지고 싶은 둘만의 평화

그대와 함께

바람도 아닌
비탈길도 아닌
곧바로 오르는 산길

가끔은 떨리는 울림
듣고 또 듣고

아픈 마음 기억이 나면
반짝임 사이
눈물 되어 다가오는 소리

바라볼수록 반짝이는 눈빛
다가갈수록 솟아오르는 뜨거운 마음

꽃잎 사이 다가오는 모습
바람 앞에 서서 바라보는 그대
언제나 만나고 싶은 늘 가난한 마음

사랑, 또는 그대 향한 그리움

가물거리는 그 무늬 사이
반짝이는 눈빛 사이
해맑은 미소 사이
가늠 수 없는 뜨거운 마음

어두움도 현란함도 아닐 때
부드러운, 아주 부드러운 눈길로
다가오는 잔잔한 물결
자꾸 밀려와 쌓이는 그리움 그리움

익어오는 능금 속 매달림
팽팽하게 당겨오는 속살
버려야 할 일상 앞에
늘 가지고 싶은 둘만의 평화

반짝이는 눈빛 사이
고운 입술 사이
눈물나는 또 다른 이야기
그것은 사랑, 또는 그대 향한 그리움.

사랑이란 달개비꽃

자란 시기의 특별한 의미가
한두 차례 지나가며 부는 바람이다

골목길 지나 훤히 뚫린
벌판 한 구석에
자리한 달개비의 보랏빛 두 뺨

사랑이란
언제나 나란히 피는 미소
사랑이란 상징의 또 다른 바탕

사랑의 상징에 남은
셋, 넷, 넷, 그리고 둘
둘만이 있을 때 피는 남빛 미소

수줍음 따라 다소곳한 피었다 지는
낮과 밤 사이

시간은 오래 조용하다

그리고 속삭인다
어제의 뚜렷한 보랏빛 속셈

연이의 얼굴

피어오른 꽃잎 사이
아주 하얀 백합
아침을 깨운다

걷고 있는 들녘마다
보이는 얼굴

한동안 기억에서
조용히 다가와 만든 작은 정원

잉잉대는 꿀벌 하나 없어도
꽃향기 가득 나를 부른다

밤하늘 성긴 별빛
반짝이는 눈빛 되어
피우는 향기로운 나의 백합

혜민이의 손끝

첼로 앞에 서서 그 튕기는
팽팽한 줄 위에 서서
물소리 들리는 강물을 따라
흔들리는 마음을 지난다

어두움도 밝음도
기쁨도 슬픔도 한 줄 위에서
더 넓고 깊은 바다로 흐른다

갈 수만 있다면
그 무한의 혼속에 떨리는 문밖까지 가서
작은 우주를 떠돌다가
영혼의 한 자락쯤 돌아다니다가
멈추고 싶은 순간 다시 깨어난다

마음둘레 위에 첼로는 살아 있다
혜민이의 손끝에선 늘 소리가 난다

바다 바람을 꿈꾸며

바라볼 수 있는 거리쯤 서서
먼 바다 빛으로 사랑을 꿈꾼다

바람에 씻긴 뭍의 꽃
말 없는 물결이
지난 시간을 자꾸 이야기한다

소리 없이 걸어온 길
물결로 밀려와
새로운 시간을 다시 나서면

어느 곳이나 부는 바람
너른 마음을 꿈꾸며 저 바다를 본다

기다림

바라보고 있다
저 깊은 곳까지

출렁이는 물살 위로
다가서는 또 하나의 일렁임
그것은 오랜 침묵의 노래다

저 밤하늘의 달보다
외로움, 그 빛난 눈가에
달린 그리움의 목소리

너른 가슴과
푸른 마음이 닿는 곳
하늘의 시간 속에 갇힌 것까지
분주하다, 너무 오래다

저 바다를 넘어가는 해
오래도록 기다려야 할 것 같다.

더러는, 아주

어디 바람도 아닌
비탈진 길도 아닌
그 너른 씀씀이
확실한 믿음, 또는 하얀 마음

꺼질 듯 부는 바람 앞에서
환히 켜져 있는 그 반짝임
꽃잎 속에 보이는 가느다란 울림

깊숙한 곳에서 오는 소리
듣고 또 듣는 삶의 이야기
아픈 기억마저 눈물나는
아니 어쩌지 못하는 눈물

다가갈수록
바라볼수록
따스한 마음. 환한 눈빛

기다란 길에 뿌려진 불빛 사이
오래도록 달릴 그대와 나만의 길

5부
피어나는 꽃을 위하여

피어나는 나의 꽃을 위하여
마음에서 솟아나는 나의 향기
꽃잎 하나 눈빛으로 흔들리고 있다

늘 만나고 헤어지는 사이
꽃은 오래 전의 약속처럼
피어난다, 내 안 깊숙한 꽃밭에서

두 개의 눈

두 개의 눈이 있다
안으로 향한 눈
하늘로 향한 눈

허리는
온힘의 중심쯤
천길 땅 속에 닿아 있다

물길 따라 스미는 향기
곧고 푸르게
그리고 높게 솟구치는 한 줄기의 힘

절정의 날을 기다리며
가지를 향해 뻗는
그 기막힌 힘
기다리며 뻗어가는 눈빛의 힘

방황도 고독도 멈추지 않고

타는 불꽃
살이 있는 날까지 닿아있는 영혼 앞

튼튼한 허리, 살아 있는 날까지
닿아있는 두 개의 눈
놀라운 눈, 멀지만 가까운 두 개의 눈

내 기쁨은

내 기쁨은
마음 속에서 솟아나는 기쁨
보이지 않아도
반가운 얼굴과 웃음

남겨진 기억으로 흘러온 시간
보이는 나무와 풀
오랜만에 다가온 얼굴이며
멀리 퍼지는 소리가
숨결 속 바람으로 내 기쁨을 감싼다.

달려갈 수 있는 벌판과
스스로 말할 수 있는 자유가
소리 없이 다가오는 곳

깨지지 않을 저 가을의
하늘가에서
오래도록 침잠의 창문을 연다.

할머니 잔상

덜 익은 마음으로 자라는 꽃
청룡사 입구 할머니 눈가에 오가는 사람들

한 마디 거들고 싶은 그 한적함

"예전에는 온 집안 뜰에 꽃을
많이 심었는데 지금은 잘 가꾸지 않으니
제멋대로 피고지고 해"

접시꽃 붉은 아니 하얀 접시꽃
한 그루 외롭게 버티고 있어도
불타는 붉은 접시꽃보다 더 화려하다

그 아래 자유로운 한 쌍의 토종닭
할머니 부르는 소리에
낯선 눈빛을 경계하다가
가까이 다가와 자리에 앉는다

늙으막에
벗할 수 있는 오직 하나의 생명
만나면 만날수록 반갑다

"다음에 또 오세요."
"네"

풀 잎

손가락 마다마디의 감촉
끝 가 거리마다 춤추는 봄
더딘 시간과
오랜 견딤의 시간이 교차되고

어두움, 그 내밀의 치밀함
갸웃 들고 솟아오른 그 환희
내밀의 치밀함 또는 그 절정

흐르는 물 반짝이는 무늬
끝없이 내리는 폭포 같은 낙하지점에
작은 미소 환한 길

불어오는 바람 속에서
목둘레 따스한 훈기 속에서
흔드는 뚜렷한 너와 나 모두의 웃음길

그 짧은 생애 앞에 놓인

꽃잎 하나하나에 이 작은 호기심
푸른 하루가 다시 열린다.

돌아온 날의 추억

손끝 닿지 않는 아득함
조용한 시간으로 기는 시골 마을

동자나무 끝 햇살이 비치면
차디찬 논길 잔디의 새로운 뿌리

꽃줄기 보듬고 틔우는 아픔
한 줌 연기로 솟는 옷자락
날고 싶은 마음, 가고 싶은 마음

빈터 가장자리
저녁 햇살 길게 늘어진 오후
문득 하늘을 보면
웃음 띤 한 줄기 삶

흰 속살을 가득 드리우고
흐르는 물소리
산길 돌아 다가온 시간
추억 위에 핀 한 송이 꽃의 향기

귀를 막고 있다

귀를 막고 있다
들을 수 있는 모든 것을 막고
담 저쪽 동굴까지 내닫는다

안개 낀 길 따라 찾아간 동굴
녹아든 천 년의 소리가 들린다

늘 새로운 침잠의 그늘
나무 한 그루 바람아래 아득할 뿐이다

흔들림조차 없는 무한의 공간
균형 잡힌 그 무한의 굴레
하루가 지난다 시간이 지난다 실실한 바람이 분다

반드시 두 눈을 떠야만 보이는 일상적 상쾌함
문득, 담을 타는 붉은 장미를 본다
온 입술로 말의 잔치를 열고 수많은 눈길을 잡는다

언제나 부드러움 너머 뻗어나는 그 향기와 눈짓
그 깊은 동굴이 귀를 막고 새롭게 깨어난다

살아 있는 동안 기막힌 일을 벌이고 싶다
빈틈에 내린 틀림없는 향기의 소리를

피어나는 꽃을 위하여

가까이 할 수 없는 향기론 마음
솟구치며 터지는 입술
잔 가지 흔들려도 알 수 없는 마음

모든 걸 내놓고
지난 시간 모두 내놓고 걸어온 길
빛으로 다가와 오르고 오른 고갯길

남겨진 발자국 따라 자꾸 걸어도
아무 것도 보이지 않고
징검다리 저쪽 다시 만나는 그리운 꽃

피어나는 나의 꽃을 위하여
마음에서 솟아나는 나의 향기
꽃잎 하나 눈빛으로 흔들리고 있다

늘 만나고 헤어지는 사이
꽃은 오래 전의 약속처럼
피어난다, 내 안 깊숙한 꽃밭에서

무게, 그 현란한 꿈

무게를 지닌 모든 것은
땅 위에 서서 늘 현란한 꿈을 꾼다

산에서 강에서
길에서 공중에서
있는 그대로의 모습으로
모든 것을 보며 배우는 중이다

마음 한 자락
살아가는 곤충 한 마리
어깨 너머로 떠가는 구름조차도
이미 흘러가면 내 것이 아니다

스스로 행복에 겨운 삶
푸름 속 뚜렷한 숨결이 되어
언제나 새로운 마음을 읽는다

모든 생각이 다 푸르다면

검은 것은 무엇이며
붉은 것은 무엇이며
또, 하얀 것은 무엇이란 말인가

있음으로 없고
없음으로 있는 삶
깨친 삶의 언저리 따라
찾아보는 진한 삶의 무게
지금도 흐르는 물 속에서 새로 진행 중이다

노을 바다

가장 안일한 곳에서
손바닥 위 바다 소리가 난다

비탈길 지나 조그만 터밭
양지 바른 한 켠의 마당 햇살이 좋다

푸른 바다와 산
지나온 시간이 사뭇 가지런하다

어둠 속 그 환한 빛 하나
숨 막히는 다급의 순간에도
출렁이고 밀려오는 물결이 있다

한 굽이의 길 따라 떠도는 넋
서두른 흔적마다 자리한 햇볕
솔잎 사이 솔향기 짙고
솟아오른 산마다 푸른 입김이 가득하다

조용히 돌아나오는 길
노을 속에서 저녁해로 남는다
짙은 노을 바다가 다가오고 있다

삶의 껍질

너른 들이 보일 때, 겨울밤 허리엔 별빛 하나 사는 법이 없다. 가을비 내린 거리마다 흩어진 낙엽만 바람에 날릴 뿐 꽃은 마음속에서 다시 핀다. 빈들마다 아득한 순간을 빠져나온 빛의 외침이 보이고 서로 닿을 수 있는 거리마다 터지는 봇물, 환한 햇살 가득한 이쯤의 거리에서 나는 생각한다. 날카로운 내 속에서 자란 지혜는 섬세한 침묵을 따라 그림자 드리운 산 속으로 자꾸 숨어들고, 이 마음 속 심어논 나의 나무는 눈보라 치는 언덕에 서서 뜨거운 마음의 꽃을 피운다. 꽃잎 떨어지고 낙엽 흩어지면 다시 피울 꽃, 언제나 싹트는 소리 온몸으로 춤추며 낙타의 걸음으로 다가온 시간 오늘, 침묵 없는 바람 앞에 나는 서 있다.

  -햇살
  -뜰 안 쏟아지는 꽃
  -꽃은 햇살 가득 춤을 춘다
  -춤추는 날은 어둠 아닌 기쁨의 시간이다
  -꽃잎 하나 무심히 왔다 물결 따라 떠나면 그뿐

서어나무로 서서

바람 앞에 서서
밀려가고 밀려오는 물결을 본다

파도로 영근 돌 사이
갯골 따라 들려오는 바다 이야기

기다리고 기다리면
다시 다가올 내 마음의 봄

거기
살아 숨 쉬는 바다

십리포 바다 위에서 늘 푸른 마음을 열면
거듭 태어나는 내 삶의 반짝임

눈물 하나 물빛처럼

바라보면
가득 넘치는 산의 빛
터질 듯한 이 메아리 사이
해는 다시 떠오른다

오래 막혀있던 시간
돌아올 것 같은 그리움보다
더 맑은 바람으로 다가온다

지난 꿈이 돌아오지 않아도
거듭 태어나는 녹음의 미소 앞에
이 여름이 가고

스스로 돌아와 바라보는 밤
우리 사랑의 마지막 이야기처럼
그 큰 사랑이었으면 한다

외롭다 외롭다 하면서도

멈출 수 없는 인연
눈물 속 물빛처럼 곱게 반짝인다.

구로문화의 꽃을 위하여

꽃은 늘 새롭게 피어난다
세찬 겨울의 눈보라도
모진 추위의 땅속에서도
인내의 절정으로 봄을 기다린다

아홉 노인 오래도록 산 이 터전에
다시 피기 시작한 문화의 꽃
사막의 꽃이 다시 피듯
새로운 구로에도 꽃은 피어나리라
화려한 꽃, 첨단의 꽃이여!

아름다움으로
새로움으로 피어날 새문화의 꽃
우리 모두의 마음에 꽃향기 가득 스미도록
정성스레 가꾸고 길러 더욱 찬란하게 피우리라

너와 나의 터전인 아름다운 구로를 위하여
우리 모두의 삶인 구로의 찬란한 문화를 위하여
화려하게 피어나리라, 꽃은 다시 피어나리라

돌게

밀려오고 밀려가는 물결
바다를 잊어버리고
다가온 세월의 물살

종종걸음으로 달리다
멈추는 시선의 짜릿한 불꽃
좁은 바위틈에 숨는 강인한 놀림

눈에 비친 세상일 두고
바위 밑 그 자양의 입맛
수없이 먹고 뱉는 갯벌의 맛으로
남은 돌게의 식사

바닷가 바위 아래
삶을 짊어지고
꿈꾸는 돌게

늘 그리워지는 그 여름

새벽 바닷가 돌게의 질주

오랜 세월 견뎌온 인고의 바다
건강한 아침이 깬다

월성산을 다시 오르며

유년의 뜨락에 가고 싶었다
한 줌 비추는 햇살이고 싶었다
흙냄새 가득한 풀이고 싶었다.

오십 년 지난 시간으로 푸른 숨소리가 들린다

산을 오른다
밤나무 가지 청설모 한 마리 반갑다
나무에서 나무로 멀리 달아난다
날 보고 싶지 않은 게지

좁은 중턱 응달진 길
노란 솔잎 가루 떨어진 길 지나면
평평한 밭길 하늘이 청청하다

나뭇짐 내려놓고 바라보던
산 아래 집 늙지 않고 한가하다
오가며 만나는 사람들

정감어린 말투에 온몸이 가뿐하다

다소 현대적인 층계로
자리한 봉화대
파릇파릇 봄이 보이고
비단 물길의 반짝임이 보인다

계룡의 벼슬 하늘이 높다
지난 시간의 아득한 추억

■ 해설

기다림으로 완성하는 '신성神聖'의 꿈
임승천의 시세계

유성호

(문학평론가 · 한양대 교수)

1

　임승천 시인의 제5시집 『무게, 그 현란한 꿈』(모아드림, 2008)은, 절대자를 향한 순전한 헌신과 일상적 삶에서 길어올린 아름다운 꿈으로 가득한 심미적 기록이다. 그 안에는 '신성神聖'을 삶 속에서 완성하려는 시인의 기다림의 과정이 진정성 있게 펼쳐져 있다. 그만큼 임승천의 시편들은 '기다림'을 통해 부재와 결핍을 견디면서, 완전한 '신성'을 향해 나아가려는 '꿈'의 세계를 밀도 있게 구현하고 있다 할 것이다. 이러한 그의 면모는 '서정抒情'의 속성을 가장 충실하게 충족하고 있는 것이기도 하다.

이러한 서정의 속성을 구현해가는 데 시인이 가장 먼저 수행하고 있는 것은 일종의 '신앙적 자아'를 내세우는 과정이다. 성경적으로 말해서 인간은 '마음은 원이로되 육신이 약한' 자들이다. 그 숙명적인 연약함 때문에 인간은 늘 자신이 소망하는 바와 전혀 다른 과오를 불가피하게 반복한다. 끊임없는 반성 속에서도 이러한 오류는 전혀 줄어들지 않는다. 이때 이러한 오류와 반성의 연쇄 속에서 '구원'과 '자기완성'이라는 근원적인 목표가 설정되는 것이 우리가 잘 아는 종교의 역리遊理이다.

　종교학자 틸리히P. Tillich는 "종교란 가장 넓은 의미에서 그리고 가장 근본적으로 인간의 궁극적 관심ultimate concern"이라고 말한 바 있는데, 그 '궁극적 관심'의 본질이자 대상인 신神의 현상학적 의미는, 그 점에서 종교의 가장 근원적인 목표가 된다. 임승천 시인은 이러한 종교의 근원적인 목표를 시 안에서 구현하되, 그것을 생경한 종교적 언어로 번안하지 않고, 우리의 구체적 삶의 맥락으로 수용하고 변형함으로써 깊은 실감과 감동을 얻어주고 있다.

　다음 작품이 그 대표적인 실례라 할 것이다.

　　영혼의 마지막 밤까지 침묵한다
　　거친 들판을 지나 만나는 기쁨
　　눈빛 보듬은 그 얼굴이 빛난다

눈 감으면 보이는 바다
흰 옷, 그 환한 미소
감사와 찬양, 내놓은 모든 것이 눈물겹다

더딘 걸음과
부족한 믿음으로 드리는 기도
어두운 밤마다 보이는 빛나는 십자가

오늘도
달린다, 믿음의 들판을
오늘도
찬양한다, 소망의 숲길에서

조용히 다가오는 매일의 평화
영혼을 깨우며 들려오는 말씀의 새벽
—「기도의 아침」 전문

 영혼의 마지막 밤까지 침묵을 지키고 있던 화자가 문득 "거친 들판을 지나 만나는 기쁨"을 말하는 순간, 그 얼굴에는 밝은 빛이 돌고 감사와 찬양이 가득 넘친다. 화자의 "더딘 걸음과/부족한 믿음"의 기도가 어느새 어둔 밤을 밝히게 되었고, 그 "어두운 밤마다 보이는 빛나는 십자가"를 품은

채 화자는 "믿음의 들판을" 달리고 "소망의 숲길에서" 찬양을 그치지 않는다. 이러한 순전한 의미에서의 경배와 찬양의 마음이야말로 임승천의 시적 화자들로 하여금 조용히 다가오는 일상의 "평화"를 통해 "영혼을 깨우며 들려오는 말씀의 새벽"을 맞게 하는 것이다.

그렇게 시인은 언제나 구체적인 일상 속에서 "매일 움직이는 십자가"(「안양천」) 바라보면서, "고통과 절망 속에서/기도가 있게 하시고/말씀이 있게 하시고/살아계신 영이 있게 하시는 한사랑의 하나님"(「한사랑의 하나님」)을 신앙하고 제자도의 삶을 수행한다. 그래서 결국 그는 오늘도 "꺼지지 않는 말씀의 길 따라/마음 깊이 쌓이는 그 믿음의 길"(「예루살렘 가는 길」)을 걷고 있는 것이다.

　　마음둘레 물결
　　얼굴 하나 잠겨 있는 산
　　말씀 한 곳에 오래도록 머물면
　　잔잔한 그 날의 길을 따라 걸어가 본다

　　하늘 아래 불어오는 바람
　　햇살 따라 바람 따라
　　돌아보는 갈릴리 잔잔한 물결

굽이도는 길마다 펼쳐진
희망과 좌절 사이
말씀으로 다가가는 길

거듭 반짝이는 갈릴리 물결
소리 없이 다가오는 이 침잠의 아침 호수

솟구치는 평온함, 그리고 자유로움
물길 지나는 시간
언제나 바라보시는 주님의 커다란 눈
―「갈릴리 호숫가에서」 전문

　예수 그리스도의 흔적이 구체적으로 어려 있는 갈릴리 호수를 탐사하고 있는 화자는, 거기서 살아 있는 '말씀'을 듣게 된다. 가령 그는 "말씀 한 곳에 오래도록 머물면/잔잔한 그 날의 길"을 홀로 따라가보는데, 그때 "하늘 아래 불어오는 바람"과 "햇살 따라 바람 따라" 잔잔하게 펼쳐져 있는 물결들은 "희망과 좌절 사이"에서 "말씀"을 다시 한 번 듣게 한다. 그렇게 잔잔하게 반짝이는 갈릴리 호수의 물결을 통해 화자는 "솟구치는 평온함"과 "자유로움"을 경험한다. 순간 "물길 지나는 시간"을 통해 비로소 "주님의 커다란 눈"에 가 닿는 과정을 시인은 아름답게 보여준다.

우리도 잘 아는 바처럼, 우리 시대에 가장 두드러지게 나타나는 문화 형식 가운데 하나가 아마도 '순례巡禮'일 것이다. 미지의 공간에 대한 호기심과 그에 따른 탐험 정신을 필요로 하는 '순례'는, 그 시간만큼은 자신을 타자화함으로써 '낯선 자아'와 한껏 마주치게 한다. 물론 '순례'는 일상으로의 복귀를 전제로 한 떠남이기 때문에, 필연적으로 '익숙한 자아'로 귀환하는 회귀형 구조를 취한다. 하지만 다시 돌아온 자아는 이미 예전의 그 자아가 아니다. 타자의 경험을 내면 깊숙이 받아들인 탓에, 그 자아는 이미 새로워진 자아가 된다. 예수 그리스도의 흔적이 충일한 공간에서 '신성神聖'과 만나는 경험을 하고 돌아온 임승천 시편들의 자아는, 이제 스스로 "어둠을 깨우는 빛이 된다/영혼의 바다 말씀의 길을 간다"(「헬몬에서 사해까지」)고 고백할 수 있는 것이다.

2.
대개의 서정시는 '현실'과 '꿈' 사이에서 발화된다. 시가 '현실'이나 '꿈' 어느 한쪽으로 기울어질 때, 그것은 인간의 인식과 정서를 불구적으로 반영한 것일 수밖에 없게 된다. 그래서 좋은 서정시는 우리의 '현실'을 드러내면서도, 그것을 견뎌나가게끔 하는 '꿈'의 세계를 상상적으로 마련해준다. 이때 '꿈'은 우리 삶 곳곳에 배어 있는 불모不毛의 기운을 치유하는 형질로 기능한다. 따라서 이러한 '꿈'의 기능이야말로, 서정의 원리인 '회감回感'과 결합하면서, 우리가 살아가야 할 새로운 삶의 태도를 암시하게 된다고 우리는 말할 수 있다. 물론 임승천 시인의 언어가 '꿈'의 또 다른 편향인 비현실적 초월에 매개되어 있는 것은 아니다. 오히려 그의 시편들은 현실의 불모성을 견디게끔 하면서, 동시에 아름다운 생의 형식을 보여주는 데 자신의 목소리를 집중하고 있다.

> 무게를 지닌 모든 것은
> 땅 위에 서서 늘 현란한 꿈을 꾼다
>
> 산에서 강에서
> 길에서 공중에서
> 있는 그대로의 모습으로
> 모든 것을 보며 배우는 중이다
>
> 마음 한 자락
> 살아가는 곤충 한 마리
> 어깨 너머로 떠가는 구름조차도
> 이미 흘러가면 내 것이 아니다

스스로 행복에 겨운 삶
푸름 속 뚜렷한 숨결이 되어
언제나 새로운 마음을 읽는다

모든 생각이 다 푸르다면
검은 것은 무엇이며
붉은 것은 무엇이며
또, 하얀 것은 무엇이란 말인가

있음으로 없고
없음으로 있는 삶
깨친 삶의 언저리 따라
찾아보는 진한 삶의 무게
지금도 흐르는 물 속에서 새로 진행 중이다
─「무게, 그 현란한 꿈」 전문

  화자는 오래된 '꿈'의 속성을 집중적으로 노래한다. 이를테면 그것은 "무게를 지닌 모든 것"이 마땅히 가지고 있는 "현란한 꿈"에 대한 사유와 표현이다. 화자는 그야말로 "산에서 강에서/길에서 공중에서" 있는 그대로의 모습으로 그 무게를 지닌 것들을 바라보고 있는데, 이때 그는 아주 미세하고 작은 것들에게서조차 "언제나 새로운 마음"을 읽어내고 있다. 그렇게 "있음으로 없고/없음으로 있는 삶"을 깨치면서 화자는 "삶의 언저리 따라/찾아보는 진한 삶의 무게"를 느낀다. 그 강렬한 감각 속에서 그것이 "흐르는 물 속에서 새로 진행 중"임을 증언하고 있는 것이다. 이처럼 임승천 시편의 근간은 우리의 일상 속에서 겪는 '꿈'의 아름다움에 있다 할 것이다.

    흐린 창문을 닦는 것은
    이 세상을 조용히 살아가는 길

    길 가다
    문득 멈추면 보이는 그림자

    길 저 편 상점 안
    진열된 내가 밖을 볼 때마다
    다가오는 산

    버려진 나무
    하나 둘 모아
    다시 심고 가꾼다

    새가 날아온다

새가 노래한다

더딘 숨결 속
내 영혼이 다시 깨어난다

—「내가 키우는 나무」 전문

그러한 '꿈'의 힘으로 키우는 '나무'는 온전하게 시인이 취하고 있는 삶의 태도를 은유한다. 화자가 말하는 "이 세상을 조용히 살아가는 길"은 "문득 멈추면 보이는 그림자"거나 "길 저 편 상점 안/진열된 내가 밖을 볼 때마다/다가오는 산"으로 드러난다. 그렇게 "버려진 나무/하나 둘 모아/다시 심고" 가꾸면서 화자는 "더딘 숨결 속"에서 영혼이 다시 소성蘇醒함을 경험하게 되는 것이다. 이렇듯 "아득하면 아득할수록/기도의 눈"(「오늘, 하늘에는」)을 바라보면서 임승천 시인은 "허공을 가르는 또 다른 생명의 숨결"(「기다림의 봄을 위하여」)을 아름답게 복원하고 있는 것이다.

3.

서정시의 가장 근본적인 존재 형식은 아마도 시인의 '자기 인식'에서 찾을 수 있을 것이다. 다시 말하면 시인은 시적 화자와 별개의 자연인이지만, 그럼에도 불구하고 시 안에서 시적 화자와 통일된 몸을 형성하면서 자신의 목소리를 통해 자신의 이야기를 하고 있다. 그래서 서정시는 주체 부정의 방향보다는, 경험적 주체와 시적 주체가 통합된 발화發話를 통해 '자기 인식'과 표현에 이르는 고전적인 영역을 더욱 심화시켜왔다고 할 수 있다. 임승천 시학의 자기 인식은 자신만의 구체적 경험을 감싸안으면서 더욱 심원한 보편적인 깊이로 나아가고 있다.

> 환한 햇살 아래의 들판
> 가을볕 다가오면 보이는 바다
> 그 질펀한 갯벌에 앉아
> 뭍의 언덕으로 지나는 바람을 본다.
>
> 피어 흔들리는 가을 국화
> 바람 따라 온몸에 스미는 향기
>
> 반짝이는 물빛 사이 온 눈이 노랗고
> 차곡차곡 쌓아둔 오래된 국화향기
> 오가는 길과 벼랑마다
> 지난 시간 속 계절로 스쳐가는 일
>
> 지금의 계단 위로 보이는 나날
> 순간을 깨는 빛깔 사이

영원한 향기 되어 돌아오고

꿈으로 가득 쌓인 시간
젖은 눈물 앞 보이는 외로움
찾지 못할 순간마다 춤추는 나무

더는 견딜 수 없는 가난한 마음
마지막 나무로 서서
반짝이는 햇살을 한 줌 주울 뿐이다
―「가을 서정」 전문

　가을에 느끼는 '서정'의 내밀한 깊이를 드러내고 있는 이 시편은, "환한 햇살 아래의 들판"과 "가을볕 다가오면 보이는 바다"에서 바라보는 풍경 속에서 이루어진다. 가을 바람 따라 온몸에 스미는 국화 향기에서 화자는 "오가는 길과 벼랑마다/지난 시간 속 계절로 스쳐가는 일"을 떠올린다. 그렇게 "보이는 나날" 속에서 "영원한 향기"를 상상하는 화자는 "꿈으로 가득 쌓인 시간" 속에서 "젖은 눈물 앞 보이는 외로움"에도 불구하고 "더는 견딜 수 없는 가난한 마음"을 고백하게 된다. 그 감각과 고백의 과정을 일러 시인은 '가을 서정'이라 명명한 것이다.
　그렇게 임승천 시인은 "깊어가는 가을 끝/떠나가는 낯선 시간의 길"(「가을 뜨락에서」)에 서서, "깊은 숲 속/환히 열리는 푸른 숨소리"(「갑사 다녀오는 길」)를 듣고 있다. 말하자면 그는 "서둘러 떠나는 아득한 시간 속 여행"(「관곡지에서」)을 통해 "거듭 태어나지 않고는 보이지 않을 길"(「하회 가는 길」)을 가고 있는 것이다.

바라보고 있다
저 깊은 곳까지

출렁이는 물살 위로
다가서는 또 하나의 일렁임
그것은 오랜 침묵의 노래다

저 밤하늘의 달보다
외로움, 그 빛난 눈가에
달린 그리움의 목소리

너른 가슴과
푸른 마음이 닿는 곳
하늘의 시간 속에 갇힌 것까지
분주하다, 너무 오래다

저 바다를 넘어가는 해
오래도록 기다려야 할 것 같다.

—「기다림」전문

"저 깊은 곳까지" 시선을 주고 있는 화자는 "출렁이는 물살 위로/다가서는 또 하나의 일렁임"을 "오랜 침묵의 노래"로 해석하고 있다. 그 오랜 침묵의 힘으로 '기다림'을 완성하고 있다. 가령 그는 밤하늘의 달보다 더 큰 "외로움"과 그 빛난 눈가에 달려 있는 "그리움"의 목소리를 듣고 있다. 그것은 "너른 가슴과/푸른 마음이 닿는 곳"이기도 하고 너무 오랜 기다림의 시간이기도 하다. 그래서 화자는 "저 바다를 넘어가는 해/오래도록 기다려야 할 것 같다."고 고백하는 것이다. 그렇게 '기다림'은 임승천 시인의 가장 본원적인 태도로 나타나고 있다.

다시 말해 "기다리고 기다리면/다시 다가올 내 마음의 봄"(「서어나무로 서서」)을 고백하고 있는 시인의 눈빛은 "목숨 하나 오랜 그리움 되어"(「하얀 진달래」) 피어나는 풍경을 오래도록 응시하고 있다. "바라볼수록 반짝이는 눈빛/다가갈수록 솟아오르는 뜨거운 마음"(「그대와 함께」)을 나누면서 말이다.

4.

최근 우리는 초월적이고 영적인 실재보다는 물리적이고 감각적인 표상에 가치를 부여하는 시대를 살아가고 있다. 흔히 디지털 시대라고 명명되는 이 같은 사회적 기율은 우리의 육체와 정신 속에 깊숙이 내면화되고 있다. 하지만 이러한 시대는 개인적 삶의 오랜 정체성을 파괴하고 동시에 전통적 가치에 대한 혼란을 드러내게 된다. 이때 이러한 가치의 균열을 치유하고 극복하려는 시적 비전이 우리에게 필요하게 되는데, 임승천 시편들은 바로 이러한 치유의 비전을 구체적으로 드러내면서 신앙에 바탕을 둔 구도자의 시선을 내보이고 있다.

이러한 면모는 이를테면 궁극적이고 근원적인 일종의 '기원origin'을 추구하는 언어를 통해 구체화되는데, 그 점에서 감각적 실재를 넘어서면서 영혼을 충일하게 하려는 그의 시적 욕망은 그의 시편들을 여느 서정시와 분별케 해주는 궁극적 원형이 아닐 수 없다. 이렇게 임승천 시인이 지속적으로 보여준 신앙과 서정 그리고 성찰의 몫은, 기다림으로 완성하는 신성神聖의 꿈으로 번져가고 있는 것이다. 그 세계에 이제 우리가 동참할 차례이다.